LES PÉCHÉS DE LA FRANCE

Saint-Quentin. — Imprimerie Hourdequin.

LES PÉCHÉS

DE

LA FRANCE

DISCOURS

Prêché à Nîmes, à Alais, à Marseille et dans plusieurs autres Eglises du midi

PAR

ARBOUSSE-BASTIDE

Troisième Edition.

Vendu au bénéfice de la Société des Traités religieux de Paris.

PARIS

BUREAU DE LA SOCIÉTÉ DES TRAITÉS RELIGIEUX

35, rue des Saints-Pères, 35

1871

Outre les deux premières éditions tirées à 2,000 exemplaires, ce discours a eu l'honneur inattendu et longtemps ignoré de l'auteur, d'être publié en Suisse à 15,000 exemplaires et répandu dans l'armée de Bourbaki, de compagnie avec une lettre du père Hyacinthe. — Nous tenons à dire que l'édition suisse a subi de notables retranchements. Mais nous songeons bien moins à nous plaindre de ces retranchements, regrettables surtout au point de vue littéraire, qu'à bénir Dieu de ce que notre discours a été jugé digne d'être associé à la lettre d'un chrétien aussi éminent que le père Hyacinthe, et surtout répandu parmi nos chers soldats. C'était un mot de la patrie arrivant sur un sol qui, pour être la terre de l'hospitalité, n'en était pas moins celle de l'exil. Puisse ce mot, parti de cœurs français, avoir été béni pour plusieurs de ces défenseurs malheureux de notre France mutilée !

« Nous avons péché, nous avons commis l'ini-
» quité, nous avons agi méchamment, nous avons
» été rebelles et nous nous sommes détournés de
» ses commandements et de ses ordonnances. »
(Lire le chapitre IXe du prophète Daniel).

Mes Frères,

Lorsqu'il plaît à Dieu de châtier un peuple, il n'a pas besoin de sortir de son repos pour le frapper : la chose se fait toute seule ; et le côté par lequel j'admire le plus la divine Providence, c'est que le mal porte en soi son châtiment, et qu'arrivé à un certain période il éclate par ses ravages. Quand la machine est saturée d'électricité, l'étincelle part ; quand le feu souterrain a couvé longtemps, le cratère tourmenté vomit sa lave bouillonnante et la terre s'agite dans de meurtrières convulsions.

Depuis longtemps, l'accumulation du mal, dans le sein de la société contemporaine, faisait pressentir aux moins clairvoyants une catastrophe : seulement on ne la croyait ni si prochaine ni si colossale.

Mes Frères, notre devoir, c'est de vous rendre attentifs « *à la verge et à celui qui l'a assignée.* » Le pire de la situation, ce serait de ne pas en sentir la gravité morale, et surtout de ne pas en tirer profit.

C'est pourquoi, mes Frères, de même que Daniel, dans les longues douleurs de l'exil, confessait à l'Eternel les péchés de son peuple, comme si c'étaient ses propres péchés, nous, ministre de Jésus-Christ, au milieu de nos humiliations et de nos douleurs nationales, au bruit des gémissements de la patrie et du canon des batailles qui retentit, sinon à nos oreilles, du moins à nos cœurs, nous voulons confesser les péchés de notre peuple. Nous voulons en revendiquer la solidarité, car nous y avons tous notre part, et nous courber sous la main qui nous frappe, afin que Dieu, ayant pitié de nous, arrête l'épouvantable fléau.

Mes Frères, nous avons péché :

1° *Dans notre politique.* — Il y a tout un grand côté par lequel la politique touche à la morale et à la conscience, et rien de ce qui touche à la conscience et à la morale ne saurait être étranger à la religion.

Un jour, — il y a bientôt dix-neuf ans, — on nous annonça que la France était *sauvée.* Mais à quel prix ! C'était au prix d'un serment solennel violé, de la représentation nationale baillonnée, de milliers de citoyens emprisonnés, déportés, massacrés. Il s'était rencontré des gens pour tramer ce guet-apens nocturne, d'autres pour l'exécuter, et quand il eut réussi, on trouva toute une nation pour l'approuver. On nous demanda l'absolution ; nous eûmes peur et nous la

donnâmes. Nous préférâmes notre repos et nos intérêts à la justice et au droit. Nous appelâmes bien ce
qui est mal et mal ce qui est bien. Nous approuvâmes.
Que dis-je ? Nous couronnâmes le parjure. Ce jour-là
il se fit une grande éclipse dans le monde moral : le
droit avait disparu ; l'ère de l'injustice était inau-
gurée. Par la brèche ouverte, un triste cortége d'ini-
quités allait passer : les spoliations, les aventures
guerrières, les occupations militaires, la dilapidation
des finances, le favoritisme, la corruption, dont le
contagieux exemple partait de haut. — Après dix-
huit ans d'un pouvoir absolu, personnel, sans con-
trôle, on est venu promettre à la France, débilitée
par ce despotisme, qu'on allait la faire sortir de tu-
telle, à la condition qu'elle renouvellerait au chef de
l'Etat ses pleins pouvoirs pour faire la paix et la
guerre. La France trompée, a cru pouvoir une se-
conde fois donner son absolution à tout un passé d'i-
niquité ; mais Dieu a refusé la sienne, et il semble
avoir voulu nous montrer qu'un peuple qui sacrifie
les principes du droit et de la justice à des considéra-
tions d'un ordre matériel, compromet ces intérêts ma-
tériels eux-mêmes. En effet, la secousse intérieure
qui aurait résulté d'une attitude indépendante et morale du bulletin aurait-elle jamais pu être compa-
rable à cette épouvantable invasion qui ensanglante,
ruine et déshonore la patrie ? Mes Frères, nous avions
oublié que la justice élève une nation, mais que l'iniquité est la ruine des peuples : Dieu s'est chargé de nous
le rappeler. Nous avons péché, dans notre *politique*.

2° Nous avons péché dans notre *littérature*.

Et d'abord, la *philosophie*, qui est la plus haute
expression de la littérature, a subi les consé-
quences de la catastrophe morale qui avait eu

lieu dans l'ordre politique. La génération qui, il y a vingt ans, arrivait, n'a plus aperçu les principes moraux, parce qu'ils avaient disparu. Le pays s'était courbé devant le fait accompli, aussi la nouvelle philosophie de la France, à part quelques noms éclatants, n'a voulu croire qu'aux faits ; elle s'est spirituellement moquée de la métaphysique, qui combattait encore pour les principes de la pensée, et s'est appelée philosophie *positive*. Dieu, la liberté, la morale avaient disparu de l'Etat : ils ont disparu de l'Ecole. Le vice et la vertu n'ont été que des sécrétions du cerveau, comme la bile est une sécrétion du foie. Nos jeunes et frivoles penseurs n'ont cru qu'à ce qui se voit, à ce qui se touche, à ce qui se pèse, et tout ce qui ne tombait pas sous l'objectif de leur microscope, sous la lame de leur scalpel, dans l'envergure de leur compas, ils l'ont regardé comme nul et non avenu. Or, mes Frères, ces grandes idées, que cette école impie a supprimées, c'est la chaîne d'or dont parle Homère, et qui tient les nations suspendues au trône de Jupiter ; si elles brisent la chaîne, elles vont à la dérive comme un navire désemparé.

Et notre *poésie* nationale, a-t-elle répondu à sa mission ? Pas davantage. Cette sainte fille du ciel a bien peu parlé du ciel à la terre ; elle n'a pas compris qu'elle était envoyée de Dieu pour être, parmi les hommes, la grande prêtresse du droit, de l'honnêteté et de la vertu. Au lieu de cela, frivole, railleuse, immorale avec Béranger, elle a chanté les ris, les jeux, les plaisirs, elle s'est moquée des prêtres, et surtout elle a exalté « *le grand homme.* » Langoureuse et amollissante avec Lamartine, elle nous a bercés, dans une incomparable harmonie, mais elle a efféminé plutôt que raffermi nos âmes. Elle a poussé avec A. de

Musset des cris déchirants et des sanglots sublimes ;
elle a souffert de l'infini qui la tourmentait, nous di-
sait-elle, mais loin de nous enlever vers cet infini, elle
nous a, au contraire, platement abattus dans un réa-
lisme désespéré. Enfin, avec Victor Hugo (elle en a
depuis fait pénitence), la poésie a prodigué ses hyper-
boles et ses dithyrambes à la gloire militaire. Quand
elle a parlé du premier Napoléon, elle a été prise dés
fureurs d'une bacchante ; elle a toujours rencontré
avec enivrement cette sanglante image : « *Toujours
lui ! lui partout !* » Elle lui a érigé un piédestal,
un trône, un autel ! elle lui a voué un culte :

Car nous t'avons pour *Dieu* sans t'avoir eu pour maître !

Elle a osé, dans sa folle passion pour ces grands
tueurs d'hommes, se demander si « *le génie n'était
pas une de leurs vertus.* »

Ainsi l'étouffement criminel de la liberté, la viola-
tion des serments les plus sacrés, les hécatombes hu-
maines sacrifiées à la plus satanique ambition, la poésie
a tout oublié, tout effacé, tout absous. Elle a été chercher dans le sang et dans les hontes, ses inspirations.

Quand on est arrivé là, on a tout simplement ou-
tragé le droit, la justice, la fraternité ; on a faussé la
conscience d'un peuple, on s'est fait le com-
plice du despotisme, on a trempé dans les boues de
ce siècle les ailes de l'ange ; les instituteurs du peuple en sont devenus les corrupteurs. Nous avons péché dans notre poésie.

La littérature des *Romans,* des *Revues* et des
Journaux a été encore plus malsaine et plus corrup-
trice. Pour émouvoir des imaginations blasées, elle a
hanté les cours d'assises, elle a fait de l'argent avec
le scandale. Nos romanciers ont enseigné l'art du

crime avec un tel succès, que nous avons pu entendre le sinistre héros de Pantin, dire qu'il avait pris son modèle dans un de nos romans les plus renommés. Quelquefois pourtant, la honte est montée au front de cette presse coupable, et après le crime célèbre dont je viens de parler, un journaliste faisant son *meâ culpâ*, au nom de ses confrères, reconnaissait que le journalisme s'était fait beaucoup trop l'éditeur responsable d'une littérature démoralisante. La presse a bataillé pour des partis plutôt qu'elle n'a défendu des principes. Elle s'est montrée peu jalouse de la vérité, peu scrupuleuse dans ses moyens, peu soucieuse du droit et de la justice, de la paix et du sang des peuples. Nous avons lu des articles insensés qui poussaient à la guerre avec une furie vraiment infernale, des articles dignes d'être signés par des cannibales ; et qui promettaient à nos ennemis des atrocités et des hontes que, par un retour vengeur, nous sommes appelés à subir !

Notre littérature *dramatique* n'a pas mieux compris sa mission. Le théâtre aurait pu employer les prodigieuses ressources de l'art à inspirer de nobles et virils sentiments. Au lieu de cela, la scène a été une école de dissipation ; un public avide est allé au spectacle rire et rire de tout : on lui a rendu l'adultère intéressant, on a donné le beau rôle au vice ; et ç'a été une condamnation éclatante de notre littérature dramatique, que l'Académie française ait cherché plusieurs années une pièce morale à couronner, sans pouvoir la découvrir.

Ainsi donc, ce beau génie littéraire de la France, ce génie si lumineux et si *vulgarisateur*, nous avons la honte de l'avoir fait servir à des choses de néant, au lieu de l'employer à la sainte propagande du droit, de la justice et de la vertu. Nous avons péché dans le domaine de la philosophie, de la poésie, de la presse en général; nous avons péché dans notre littérature.

3° Nous avons péché dans nos *spéculations commerciales*. — L'amour des jouissances matérielles ayant grandi à mesure que la force des principes spirituels diminuait, il a fallu de l'argent pour satisfaire aux besoins d'un luxe croissant, ou même de passions coûteuses. De là, des entreprises téméraires, des coups de bourse criminels, des fortunes scandaleuses, des ruines subites, des suicides nombreux. Des loteries se sont produites, autorisées par l'Etat, qui ont offert au public l'appât de gros lots, de dividendes impossibles, d'intérêts non équitables. La conscience commerciale a été faussée ; l'argent a été immoral. Des banquiers, comme de simples particuliers, n'ont pas craint de soutenir, par leurs prêts, une politique que leur conscience désapprouvait : par exemple l'expédition du Mexique et la guerre esclavagiste aux Etats-Unis du Sud. Et nous avons fait ce mal presque sans nous en douter, tellement notre sens moral a été faussé. Nous avons péché dans nos spéculations commerciales.

4° Nous avons péché *comme Eglise*.

Je parlerai d'abord de l'*Eglise romaine*. — Il pourra sembler surprenant que nous nous permettions, nous, pasteur protestant, de porter un jugement sur une Eglise qui n'est pas la nôtre; mais elle appartient à la grande famille chrétienne, et à ce titre nous sommes solidaires avec elle ; d'ailleurs, comme la politique, elle a de grands côtés par où elle touche à la conscience, et par lesquels il nous appartient de la juger.

Il faut avouer que celui qui s'appelle le successeur
de saint Pierre a été pour le moins imprudent de tirer
du fourreau cette épée dont le Seigneur avait interdit
l'usage à saint Pierre lui-même, et de fournir ainsi à
un général trop célèbre l'occasion d'inaugurer le
chassepot et d'en vanter les merveilles. L'Eglise romaine a eu le tort d'associer la religion à la politique,
au risque de compromettre la religion. Elle a eu le
tort de professer en plein xixe siècle les dogmes sanglants de l'intolérance et de sacrer demi-dieu, en le
proclamant infaillible, cet homme qui venait de signer
syllabus ! Elle a eu le tort de ne pas ouvrir son cœur
à la voix de ses plus généreux enfants, lorsqu'ils l'in-
vitaient, tout en demeurant l'Eglise catholique, à en-
trer dans le concert des peuples modernes, dans l'ère
de la liberté et de la fraternité. Enfin, elle a eu le tort
récent d'insinuer contre nous, minorité, des accusa-
tions qui portaient atteinte à notre patriotisme,
quand nous donnions, comme elle, pour la patrie, le
sang le plus pur de nos enfants, et tandis que notre
ennemi commun incendiait les villes protestantes de
l'Alsace, brûlait nos temples, nos bibliothèques et nos
séminaires. Nous, les fils des proscrits, nous n'avons
qu'un désir : oublier le passé, aimer nos frères ca-
tholiques, nous unir à eux pour repousser l'ennemi ;
aussi sommes-nous surpris et attristés qu'on ravive
de vieilles haines absurdes à la fois et anti-chré-
tiennes, et qui ne peuvent servir qu'à affaiblir la patrie en désunissant ses enfants.

Mais nous avons surtout à confesser, nous, protestants, nos propres péchés.

Nous avons péché : comme *Eglise nationale.* —
Rarement une Eglise est tombée dans un aussi com-
plet désordre. Rien n'est debout, ni le dogme, ni la

discipline, ni l'antique ferveur. Nous avons certainement péché en laissant passer sous le sauf-conduit officiel de la robe et du rabat, toute espèce de négations, et les murailles de nos sanctuaires ont dû être plus d'une fois scandalisées d'entendre ce qu'elles ont entendu. Mais nous avons péché aussi en ce que nous n'avons su opposer à ce débordement d'incrédulité que des votes ou des formules, des affirmations à des négations, des traditions à des innovations, le parti pris du *statu quo* à une espèce de fureur subversive : nous n'avons pas su opposer la vie à la mort et l'esprit de Jésus-Christ à l'esprit d'irréligion. Autrefois, pour connaître l'état d'âme de nos paroissiens, nous leur demandions : « Etes-vous converti ? avez-vous donné votre cœur à Dieu ? » — A présent on demande aux électeurs : « Etes-vous orthodoxe ? » C'est un signe des temps. C'est le schibboleth qui a remplacé la vraie piété. On appartient, non pas à une Eglise, mais à un parti. Les questions personnelles, les mesquines rivalités qui auraient dû disparaître dans la poussière en présence des intérêts suprêmesde la foi, ont irrité les discussions, ont troublé, déchiré l'Eglise. Des hommes à qui le Maître n'avait pas dit : « Va ! » sont entrés néanmoins dans les héritages du Seigneur !... Mais, Seigneur, j'en ai dit assez, achève par ton Esprit, dans les consciences, ce que je ne puis pas dire; purifie ton sanctuaire, et que chacun de nous, pasteurs et fidèles, courbe la tète, s'humilie et te dise : « Oui, comme Eglise nationale, nous avons péché ! »

Nous avons péché aussi *comme Eglises indépendantes*.

Ces Eglises sœurs nous permettront bien de parler

d'elles, comme de nous-mêmes, avec une fraternelle liberté.

Le fait même de leur existence est un reproche vivant à l'adresse de notre Eglise nationale : si celle-ci avait été fidèle, celles-là n'auraient pas eu de raison d'être et n'auraient pas été. Aussi ne se légitiment-elles qu'à la condition d'offrir l'exemple d'une fidélité, d'une piété éclatantes. Or, où est cette supériorité spirituelle ? Où sont ces saintes ardeurs ? Hélas ! dans de moindres mais dans de trop grandes proportions, les mêmes misères que nous avons à déplorer chez nous, nos frères indépendants les plus pieux et les plus sincères sont les premiers à les déplorer avec nous chez eux. Aussi, où est leur force d'expansion ? et quelles sont leurs conquêtes ?

Le principe de la séparation en lui-même est inattaquable, et elle peut être un impérieux devoir : par exemple, là où la conscience chrétienne, loin de trouver un aliment à sa foi, ne rencontrerait dans le temple que des négations ou des scandales. Mais autre est le principe de séparation, autre est l'esprit de dissidence. Or, l'esprit de dissidence a envahi, ravagé notre pauvre corps protestant. Il y a eu parmi nous des divisions et des subdivisions, des sectes dans des sectes, des fractions dans des fragments, et tout cela n'était justifié par aucun besoin sérieux ni de la conscience, ni de la science ; tout cela n'était que le misérable produit de l'esprit d'étroitesse, de l'ignorance prétentieuse, d'un certain goût d'insubordination, de l'orgueil spirituel, tout cela n'était au fond qu'un fruit de la chair. Certes, si saint Paul apparaissait parmi ces faiseurs et ces fauteurs de schismes, il les tancerait sévèrement et leur dirait, comme autrefois aux Corinthiens : « Puisqu'il y a des séparations et des divisions parmi vous, n'êtes-vous pas charnels ? » Ils ne se doutent pas, ces frères animés de l'esprit de secte, du mal qu'ils ont fait à la piété réelle ; le fait est que, partout où ce malheureux dissolvant s'est glissé, il a, pour sa part, fait l'œuvre du rationalisme : il a arrêté le réveil.

Je me rappelle, mes Frères, de bien beaux jours, hélas ! depuis longtemps disparus. C'étaient des temps bénis de résurrection spirituelle, un véritable esprit d'alliance évangélique soufflait sur notre Eglise. On se voyait beaucoup entre chrétiens, on se réunissait, on priait ensemble, on s'aimait, les foules mêmes affluaient, les cœurs étaient convertis. Aujourd'hui, souvent je suis honteux et scandalisé comme protestant. Dans bien des endroits, les temples sont vides. Les hommes ne paraissent pas au service, c'est convenu ; les femmes seules y vont : comme si les hommes n'avaient pas d'âme ! On se passe de culte. On se passe de Dieu. En fait, on est athée. Je vous le dis : c'est une honte pour notre protestantisme. J'aime mieux un catholique, j'aime mieux un musulman, j'aime mieux un Indou qui prie, qu'un protestant qui ne prie pas.

J'ai vu, — oserai-je le rapporter ? dans ce jour de confession il faut se décharger de tout ce qu'on a sur le cœur : — j'ai vu, à côté de tel de nos temples désert, l'église catholique regorgeant de fidèles. J'avais beau me dire, moi protestant, qu'il fallait faire peu de cas de ce culte formaliste, où chaque catholique doit se rendre sous peine de péché mortel ; quoi qu'il en soit, c'était un culte et l'on s'y rendait ; et je ne pouvais pas ne pas préférer, de quelque manière qu'on la juge, cette pratique respectueuse d'un culte à l'abandon de tout culte. Oui, je rougis de nos temples vides d'adorateurs, je rougis de ces protestants qui profanent régulièrement le dimanche, qui ne trouvent pas dans leur vie un jour pour adorer Dieu avec leurs frères, parce qu'ils n'en trouvent dans leur cœur aucun besoin. Comme Daniel, je sens mon âme plongée dans le deuil à cause des péchés de mon peuple. Seigneur Eternel, Dieu de nos pères, nous sommes des enfants indignes de ces ancêtres dont nous sommes fiers et qui auraient honte de nous. Seigneur, la mort s'est installée dans nos sanctuaires, que deviendrons-nous et que vas-tu faire de nous ? Pourquoi avais-tu sauvé le petit troupeau à travers tant de naufrages, si ce n'est pour qu'il fût, au milieu même de ses persécuteurs, un témoin de ta vérité ? Pourquoi n'avais-tu pas éteint le lumignon fumant, si ce n'est pour qu'il fît briller la lumière dans les ténèbres générales ? Pourquoi avais-tu conservé le levain dans la pâte, si ce n'est pour que le levain fît lever la pâte ? Au lieu de cela, nous nous sommes laissé envahir par l'incrédulité, par le schisme, par la mort ! Seigneur, aie pitié, supporte-nous encore, vivifie-nous ; nous avons péché comme Eglise, nous avons péché contre toi.

5° Nous avons péché *comme familles.*

L'esprit de famille a dégénéré en France. — Dans les grandes villes, et particulièrement dans cette superbe cité, — qui maintenant ne doit songer qu'à se défendre, — le désordre des mœurs semblait presque autorisé par l'opinion publique, et l'immoralité déployait au soleil, avec des airs de défi, son faste insolent. Les associations coupables, que la religion n'avait pas bénies ni sanctionnées, se multipliaient. Que voulez-vous que soient les enfants qui viennent au monde dans de tels milieux ? Quel respect pour leurs

parents ? Quelle éducation ? quels exemples ? Quelles
mœurs ? Et quelle patrie peut être formée par de tels
éléments ? Mes Frères, ceux qui outragent et tuent
ainsi la famille travaillent à tuer la patrie, et ce sont
de mauvais citoyens.

Mais, même parmi ceux qui acceptent le joug sacré
du mariage, le mariage n'est souvent qu'une affaire
de convenance, quand ce n'a pas été une spéculation.
On a associé deux fortunes, deux positions, rarement
deux cœurs. Le côté moral de l'union la plus intime a
été négligé, et la vie de famille en a souffert. En
France, on ne connaît pas le *Home*, et le foyer domestique est une métaphore vieillie, un souvenir du
bon vieux temps ; mais si nous n'avons plus de foyer,
en revanche nous avons beaucoup de théâtres, de ca-
fés, de lieux publics. On y afflue, on préfère la compagnie des gens de toute espèce qui hantent ces lieux,
à la compagnie de sa femme et au sourire de ses enfants. On y perd son temps, on y perd son argent : on
s'y accoutume à une vie oiseuse, à des conversations
frivoles, malsaines. On rentre chez soi mécontent ; on
trouve sa compagne triste. Les enfants sont négligés.
La maison va mal. Oui, je vous le dis, le Français
aime trop cette vie extérieure. La vie de famille en
souffre. Savez-vous où je l'ai retrouvée, la famille ?
C'est en Hollande, parmi les descendants, plus fidèles
que nous, de nos vieux huguenots.

J'étais logé dans une ville de Hollande, chez un des
plus honorables banquiers, un vrai patriarche, père
vénéré de douze enfants. Pas un nuage dans ce fir-
mament. Chaque matin toute la famille arrive, exacte
à l'heure. Chacun s'assied à sa place, autour de la
grande table, et la première chose qui se fait, dans

le plus respectueux recueillement, c'est la lecture de
la Bible. C'est le père qui est le pasteur ; c'est lui qui
fait le culte, qui lit, exhorte, prie. Cela est sain pour
l'âme, cela est moral et j'ajouterai patriotique, car ce
sont de telles familles qui, sauvegardant les mœurs,
forment de solides nations. Sans doute je pourrais,
parmi nos protestants, rencontrer de ces familles pa-
triarcales, où le culte se pratique. Mais en France ce
pieux usage est une exception, ce n'est pas une cou-
tume nationale comme en Hollande, en Ecosse, en
Amérique. Je n'en ai pas vu parmi nous beaucoup de
ces chefs de famille, qui eussent compris la dignité,
la sainteté de leur mission, en quelque sorte sacer-
dotale. J'ai rencontré beaucoup de pères et de mères,
se dévouant pour leurs enfants, se sacrifiant pour
leur assurer une position et leur préparer des succès
dans le monde : je n'en ai pas vu autant qui fussent
dévorés du noble souci de les préparer pour Dieu. Or,
quand le lien religieux manque, les parents ont perdu,
aux yeux mêmes de leurs enfants, leur caractère
sacré.Le père représente le prêtre,qui représente Dieu:
sinon, si Dieu est absent, le père ne représente rien ;
il est passé à l'état de protecteur, de pourvoyeur na-
turel, voilà tout. J'ajoute que le respect de l'autorité
paternelle est à la base de tous les autres respects.
Donnez à la patrie des enfants qui ne savent pas respecter leurs parents, vous lui donnerez des citoyens
qui ne savent respecter ni leurs magistrats ni leurs
lois.

Au lieu de ces familles bénies, qui font l'honneur
du protestantisme au dehors, et qui le firent jadis en
France, savez-vous ce que j'ai trouvé ? Non seulement presque toutes nos familles sans le ciment du

culte domestique, mais un nombre effrayant de petites congrégations protestantes formées de populations aisées, et qui vont dépérissant. On dirait que la fatale influence des richesses a troublé les consciences et les cœurs de ces Eglises coupables, d'où l'esprit de famille s'est retiré et où les enfants, qui sont la bénédiction du foyer, manquent. Ainsi de grandes familles protestantes s'éteignent, des Eglises mêmes filles dégénérées et caduques des Eglises d'autrefois, ont diminué de moitié depuis cinquante années, et si la même proportion décroissante continue, dans un siècle elles auront disparu. Sur elles pèse une malédiction. Oui, et je voudrais pouvoir le dire à la France tout entière : c'est parce que l'esprit de famille nous manque, que notre population diminue, tandis que la population de l'Angleterre, de l'Allemagne et des Etats-Unis augmente dans des proportions réjouissantes pour ces grandes nations, menaçantes pour la nôtre. Que mon pays y prenne garde ! Ce ne sont pas tant les balles des Prussiens que l'absence de l'esprit de famille qui risquent de dépeupler la patrie. Encore ici un grand péché à confesser, une grande humiliation à assumer. Oui, Seigneur, nous avons péché, gravement péché comme *familles*.

Mes Frères, si la société se trouve répréhensible dans toutes les formes qui l'expriment, dans sa politique, dans sa littérature, dans son commerce, dans sa religion et dans la famille, c'est que l'individu lui-même est coupable. Il importe donc de remonter à la source, de reconnaître nos défauts, qui sont tout à la fois individuels et nationaux, qui sont ceux de la France, en même temps qu'ils sont bien nos propres défauts.

1° D'abord, nous sommes *légers*. C'est le premier trait qui frappe dès qu'on examine le caractère français. Ces deux mots : « *légèreté française* » ne sont pas du tout étonnés de se rencontrer et semblent, au contraire, s'appeler. Nos impressions sont vives, mais fugitives. Rien ne réussit à nous fixer dans le sérieux : nous nous en échappons toujours par quelque plaisanterie. Nous rions de tout, même de la mort. Aujourd'hui Paris est sombre et morne sous la pluie des obus : qu'il soit débloqué demain, il ira applaudir ses danseuses. Nous glissons sur la vie. Nous n'approfondissons rien jusqu'au fond ; nous ne poursuivons rien jusqu'au bout. Nous changeons avec une inconcevable facilité d'idées, de goûts, de gouvernements, de lois, de tout. On nous a appelés les Athéniens modernes, et nous en avons été flattés. Je ne crois pas qu'il y ait lieu pour nous d'en être flatté jusqu'au bout, mais certainement nous étions dignes de leur être comparés. Comme eux nous sommes un peuple ami des arts, intelligent, spirituel, sociable, impressionnable ; mais comme eux nous sommes changeants et tous les jours nous nous rendons au forum pour demander : « Qu'y a-t-il de nouveau ? » Les Athéniens écoutaient Socrate et le condamnaient à la ciguë, applaudissaient Démosthènes et se laissaient envahir par Philippe, allaient entendre saint Paul et bientôt le renvoyaient disant : « Que nous veut ce discoureur ? » De même faisons-nous, nous les Athéniens modernes. Nous proclamons avec joie que l'incident Hohenzollern est clos, que la paix est assurée, et huit jours après, nous déclarons la guerre la plus formidable des temps modernes avec une légèreté qui sera fameuse dans l'histoire. Nous refusons aujourd'hui d'écouter les sages conseils de celui dans les bras duquel nous nous jetterons demain pour lui confier les destinées de la patrie (1). Hélas ! oui, nous sommes légers,

2º Nous sommes *amis des plaisirs*. — Un homme léger qui est gouverné par ses impressions et non par sa conscience, comment dirigera-t-il sa vie ? Il en laissera flotter au hasard les rênes abandonnées. Homère, poëte et philosophe tout à la fois, nous raconte que le sage Ulysse ordonna à ses compagnons de l'attacher au mât de son navire avec des câbles, pour lui éviter la tentation de s'arrêter des rivages enchanteurs ; l'homme sans principes n'a point de câble qui le retienne, et il arrêtera, il dissipera sa vie, loin de son but, dans les plaisirs, les jeux, les spectacles, les bals, les courses, les mille futilités, les mille convoitises qui partout nous sollicitent. Cet amour excessif des plaisirs, déshonorant pour des âmes immortelles, est tellement passé dans nos mœurs, que nous sommes flattés quelquefois de ce qui devrait faire notre honte, et que nous, Français, nous sommes les fanfarons du vice comme d'autres de la vertu.

3º Nous sommes *vaniteux*. — On nous a beaucoup dit, et nous l'avons cru dans notre naïf orgueil, que nous étions le premier peuple du monde ; certes, je le voudrais bien. Mais nous sommes-nous demandé en quoi ? — Est ce par nos lumières ? Mais il y a des peuples beaucoup plus instruits que nous. Est-ce par notre commerce ? Mais il y a des peuples plus industrieux que nous. — Est-ce par notre génie *colonisateur* ? Mais non, il nous faut laisser cette gloire à

(1) Ceci était écrit en octobre 1870.

d'autres peuples. — Est-ce par notre agriculture ?
Mais les agronomes savent bien que l'état de l'agriculture en France est presque barbare. — Est-ce par
les beaux-arts? Mais l'Italie a le droit de réclamer. —
Est-ce par nos mœurs ? Nous n'oserions pas le dire.
En quoi donc sommes-nous le premier peuple du
monde ? Le voici : Nous nous sommes imaginés que
la vraie primauté dans la hiérarchie des peuples, con-
sistait dans la gloire militaire. Notre courage national, notre vaillance et notre élan, nos triomphes
éclatants sous le premier Napoléon, nous ont fasci-
nés, et nous avons été les adorateurs de cette déesse
inhumaine et payenne qui s'appelle la Gloire. En
France, il suffit d'un clairon et d'un drapeau pour
faire tourner les têtes. Nous nous sommes follement
imaginés, ivres de sanglants souvenirs, que nous
étions irrésistibles et qu'une armée de 300,000 Français pouvait faire le tour du monde. Et comme nous
manquons de principes, nous n'avons pas su voir ce
qu'il y a d'inique, de révoltant dans ce goût de la
conquête, nous n'y avons vu que la *gloire*, ce Moloch
moderne qui dévore nos enfants. Aussi, notre forfan-
terie militaire a été rudement châtiée. Nous n'avions
pas vu ce qu'il y avait d'injustice, de cruauté et d'immoralité dans une invasion en pays ennemi ; Dieu a
permis que ce fût cette fois-ci à notre détriment que
l'invasion fût faite et nous avons pu, à notre tour, en
mesurer les horreurs. Nous n'avions pas enregistré
avec soin les désordres de nos soldats quand ces désordres, ces crimes, ces incendies et ces pillages se
commettaient au préjudice de l'Espagne, de l'Allemagne, de l'Algérie, du Mexique ou de la Chine; Dieu
a permis que, par un juste retour, ce funèbre cortège

de la guerre se ruât sur notre patrie et dévastât nos cités. Nous n'avions pas compris qu'il y a une équité de nation à nation, comme il y a une équité d'homme à homme, et que si nous n'avons pas le droit de faire à un autre homme ce que nous ne voudrions pas qu'on nous fît, nous n'avons pas le droit de faire à une nation ce que nous ne voudrions pas qu'elle nous fît. Honte aux peuples qui l'oublient ! Et puissions-nous enfin l'apprendre ! Puisse Dieu nous enseigner l'équité et nous arracher du cœur cet amour insensé de la gloire, si fécond en crimes, en calamités, en humiliations, et qui serait capable de transformer le monde entier en armée permanente et de l'enchaîner à la barbarie. Aussi, laissez-moi saluer avec un tressaillement de joie et d'espérance l'avènement du régime nouveau qui proclame, comme principe des âges modernes, la fraternité des peuples et qui répudie, comme tyrannique et criminel, ce vieil esprit de conquête que les dynasties nous avaient légué.

4⁰ Notre vanité, la haute idée que nous avons de nous-mêmes, nous a fait perdre le sens du *respect ;* par où j'entends le respect des lois et des supériorités légitimes. Quelqu'un a dit : « En France, le respect s'en va. » Cela est vrai, la loi n'est pas pour nous chose sacrée. Socrate, on le sait, refusa de suivre ses amis venus pour le délivrer, parce qu'en passant sur le seuil de sa prison il faudrait, « fouler aux pieds le cadavre de la loi, » Socrate doit nous paraître bien étrange. Nous ne nous inclinons pas devant le représentant de la loi. Nous n'acceptons pas l'autorité, nous subissons le gendarme. Notre humeur railleuse et frondeuse n'admet pas volontiers les supériorités, elle les conteste et les décrie. Or, c'est bien mal comprendre la liberté que de se figurer qu'elle dispense d'obéir, et bien mal comprendre l'égalité que de se figurer qu'elle permet de récuser les supériorités naturelles et sociales. Dans ce manque de respect, il y a une insurrection latente. Il y a au fond un sourd mécontentement qui tient aux plus mauvais sentiments de jalousie et de despotisme de bas étage. Ce mauvais esprit suffit pour rendre un peuple ingouvernable; il est capable, au premier jour propice, de tuer la liberté et de livrer la France à l'anarchie.

5° Mais, mes Frères, savez-vous quel est le fonds et comme l'étoffe de tout ce mal? C'est que nous *manquons de principes.* Il n'y a pas en nous de règle absolue, inflexible, souveraine, qui dirige et domine notre vie, dans son ensemble et dans ses détails. Et nous manquons de principes parce que nous manquons d'*esprit religieux.* Oui sans doute, et nous devrions nous le redire avec humiliation et tremblement, notre race gauloise est une race légère, amie des plaisirs, vaniteuse, irrespectueuse, sans principes, parce qu'elle n'est pas au fond, une race religieuse. Lorsque je cherche quel est le prosateur français qui exprime le plus complètement notre génie national, je n'hésite pas à nommer Voltaire ; et quand je cherche quel est le poète qui représenterait le plus exactement le génie poétique de la France, dans un congrès de poètes, je n'hésite pas à nommer Béranger ; or, Voltaire et Béranger sont deux pauvres représentants du sens religieux. En Angleterre, le caractère de la littérature et des mœurs publiques est tout autre. Au centre de la cité, au fronton de la banque de Londres, j'ai lu avec émotion cette inscription tirée de nos saintes Ecritures : « La terre et tout ce qui est en elle appartient au Seigneur. » Vous figurez-vous ce passage biblique sur la Bourse de Paris ? En Angleterre, au milieu de beaucoup de formalisme, je l'avoue, il y a du moins un jour que le respect religieux a mis à part pour le culte : en France, le dimanche, s'il se distingue des autres jours, c'est qu'il est mis à part pour les plaisirs. En Angleterre, lorsqu'on parle de Dieu, de l'âme et des choses de l'âme, n'importe où, dans un salon, dans l'atelier, dans la rue, en wagon, au milieu des ouvriers ou des paysans, on voit de suite les physionomies devenir sérieuses, on y sent le recueillement et le respect : en France, parlez de Dieu et de la religion, n'importe où, je serais bien étonné si vous n'êtes pas interrompu par quelque lazzi contre les prêtres ou par quelque éclat de rire voltairien. Au reste la France a donné dans plusieurs circonstances historique , la preuve de ce que je dis, en repoussant avec une triste persévérance la Réforme qui lui était solennellement proposée par la Providence. Et savez-vous pourquoi la France l'a repoussée ? Est-ce par esprit religieux? Oh ! non, je vous l'assure : c'est parce que la Réforme était une religion trop austère pour un peuple si peu religieux.

Mais il semble que ce dernier reproche, qui renferme tous les autres, ne vous concerne nullement, mes Frères, car, vous au moins, vous n'avez pas repoussé la Réforme, bien au contraire ; vous en êtes les enfants, les héritiers et le boulevard.

Ne levez pourtant pas trop haut la tête ; tous les descendants d'Abraham ne sont pas pour cela de vrais fils d'Abraham. — D'abord vous êtes Français, et comme tels, tous les torts des Français vous concernent. Ensuite, vous faites profession d'être des chrétiens réformés, et comme tels vous avez assumé sur vous une responsabilité redoutable. Membres de nos Eglises nationales et de nos Eglises indépendantes, protestants de toute dénomination, et vous surtout qui prétendez à un christianisme plus strict, laissez-moi aller au bout de ma pensée, laissez éclater toute ma douleur. Vous dites que vous êtes les héritiers, le boulevard de la Réforme, et c'est vous qui l'avez compromise, c'est vous qui êtes la cause que notre patrie n'a pas, depuis trois siècles, accepté la Réforme représentée par vous.

Le Seigneur vous avait laissé subsister pour être la lumière spirituelle de votre pays, le sel de votre pays; lumière du monde, quelle splendeur avez-vous jetée ? Sel de la terre, quelle sainteté purificatrice avez-vous répandue dans cette corruption ?

Je vous le dirai, mes Frères, parce que j'en ai le cœur plein. Les chrétiens ont manqué à leur mandat. Je les ai vus de près et j'ai trouvé leur christianisme tellement affadi et tellemeut mondanisé que je leur aurais appliqué volontiers la parole de Jésus : « Que faites-vous d'extraordinaire ? Les péagers même n'en font-ils pas autant ? »

Au point de vue du luxe et de l'ostentation, des vêtements, des ameublements, de la table, des complaisances égoïstes de la vie, je n'ai pas aperçu de sérieux renoncements; ces gens, faisant profession d'être étrangers et voyageurs ici-bas, m'ont l'air de s'y être très-confortablement installés.

Peut-être pour être juste, faut-il passer par dessus certaines exigences sociales et regarder plus au fond de la vie de ceux que j'accuse ? Certes, je le veux bien, mais qu'ont-ils à y gagner ? J'ai rencontré chez les chrétiens, appartenant aux rangs élevés de la société, cette fierté de ton et cette hauteur d'allures que la richesse donne aux grands du monde, un manque de simplicité et de fraternité qui m'a glacé plus d'une fois. J'ai rarement senti l'humilité du pécheur pardonné derrière le pécheur opulent.

Et si j'ai trouvé chez le chrétien riche les défauts du mondain riche, j'ai trouvé chez le chrétien pauvre les défauts du mondain pauvre : l'esprit de jalousie, d'envie et de convoitise. A part quelques éclatantes exceptions, j'ai vu les chrétiens âpres au gain comme les autres, peu scrupuleux sur les moyens d'acquérir, ne sachant pas faire la part de Dieu, donnant des miettes là où il aurait fallu le pain entier, paresseux à s'employer pour autrui, s'accommodant très-bien des souffrances qu'ils ne souffraient pas eux-mêmes, difficultueux, médisants, sans support, sans bienveillance, sans pardons, exigeants pour les autres, très-indulgents pour eux-mêmes; très-rigoureux pour la pureté du dogme, beaucoup moins pour la sainteté de la vie; laissant l'interdit demeurer dans leurs cœurs, demandant à Dieu d'être délivrés du mal et ne voulant pas en être délivrés ; je les ai vus se disputant, se querellant, se faisant des procès, donnant au monde et à l'Eglise des scandales. Qu'on s'étonne après cela que l'Evangile fasse si peu de conquêtes quand l'Evangile est ainsi représenté !

Mes Frères, je vous le répète, les chrétiens ont failli à leur mandat. Dieu nous avait choisis et conservés au milieu de ce peuple *léger* afin de lui inspirer le sérieux chrétien, et nous avons été aussi légers que lui; Dieu nous avait dit d'opposer à son *amour des plaisirs* notre austérité huguenote, et nous nous sommes enivrés à la même coupe ; Dieu nous avait maintenus au milieu de ce peuple *vaniteux*, épris de la vaine gloire, afin de lui apprendre à rechercher la vraie gloire, et nous nous sommes prosternés aux pieds de son Moloch ; Dieu nous avait placés au sein de ce peuple *sans respect* pour les grandes et saintes choses de la religion pour lui être de pieux exemples, et nous avons été à peu près aussi peu respectueux et aussi peu religieux que lui. Je vous le dis pour la troisième fois : nous avons failli à notre tâche.

Aussi, mes Frères, lorsque j'ai vu se préparer cette lutte colossale et fratricide, lorsque j'ai vu deux peuples baptisés au nom du Christ, se lever et se précipiter l'un sur l'autre, comme pour s'exterminer, mon âme a frémi d'horreur et de honte (car je n'ai vu aucune gloire là-dedans), et je me suis dit : Comment est-il possible que le sang du Rédempteur ait coulé sur la terre pour enseigner aux hommes à s'aimer comme des frères et que ces hommes se tuent comme des bêtes féroces ? Ce n'est pas la force rédemptrice du Christ qui a perdu de son efficacité, c'est l'infidélité des chrétiens qui en a paralysé l'action. Or, je le dis avec tremblement, mes Frères : c'est nous chrétiens, qui sommes, pour notre large part, responsables de tout ce sang qui coule à flots. Et pourquoi donc ? Parce que ni nous ni nos devanciers n'avons été des chrétiens dignes du Christ. Si tous les chrétiens, de tous les temps, de tous les pays, et si actuellement tous les chrétiens de la France, de l'Allemagne, de l'Angleterre et de l'Amérique, tous les chrétiens du catholicisme et du protestantisme avaient été des *chrétiens*, la guerre n'aurait pas été possible, l'ascendant de l'amour chrétien aurait contraint au silence le chassepot et la mitrailleuse.

Mais si les chrétiens n'ont pas été les chrétiens, les gens du monde ont été de grands mondains et de grands pécheurs, et les uns et les autres ont versé leurs transgressions dans la même coupe d'iniquité, et la coupe a débordé, et l'Eternel a vidé sur nous le vin de sa colère. La patience de Dieu est à longue échéance, mais elle a un terme et le terme est arrivé.

C'est pourquoi le Dieu des armées a dit à l'ange des éternelles justices : Lève-toi, ceins ton glaive, va vers ce peuple, et frappe. Frappe le soldat et le capitaine, le fantassin et le cavalier, brise dans sa main l'épée de la France, renverse ses murailles et ses forteresses, dévaste ses campagnes, porte la terreur dans ce pays qui a fait trembler l'Europe, humilie-le et ravage-le, sers-toi de l'homme pour châtier l'homme, et va chercher pour ce triste ouvrage le plus vieux monarque du Nord, sauf à le briser lui-même plus tard, comme un bâton inutile. Hâte-toi, te dis-je, et frappe ce peuple qui n'a respecté que la force, ce peuple sans principes, ce peuple léger, ce peuple ami de la vaine gloire, ce peuple sans foi, ce peuple sans Dieu, et ne cesse point de frapper jusqu'à ce qu'il s'humilie, jusqu'à ce qu'il revienne au droit et à la justice et qu'il reconnaisse qu'on ne se moque pas de Dieu et qu'on ne se passe pas de Dieu.

Et l'ange de l'Eternel a frappé ! Regarde, ô France, ô ma patrie bien-aimée, regarde ces champs couverts d'ossements qui blanchissent, d'armures brisées, de cadavres amoncelés, ; regarde ces champs à jamais funestes de Wissembourg, de Forbach, de Reischoffen et de Sedan !

France ! regarde ton beau Paris, Paris, ta fière et superbe capitale, la capitale de la civilisation, la reine du monde, la métropole des peuples ; regarde Paris, le rendez-vous des beaux-arts, mais aussi des plaisirs, du luxe et de la luxure ; Paris, le caravan-sérail du monde et la Babylone des âges modernes, — et vois cette ceinture de fer qui l'étreint et ces monstrueuses bouches de bronze prêtes à vomir la mort.

Je vois déjà, ô Paris ! des volées de vautours de feu s'abattre sur tes monuments comme sur leur proie, insulter au génie des arts et dévorer tes chefs-d'œuvre ! Je vois l'ange des divines justices qui se tient là, l'épée sanglante à la main, et dit au Seigneur: « Se gneur, faut-il sonner son glas funèbre ? »

Oh ! non, Seigneur, non, dis-le toi-même à l'ange de tes vengeances : Assez, assez, assez de sang, assez de larmes, assez de veuves, assez d'orphelins, assez de ruines, assez de désastres, assez de hontes ! Seigneur, toi-même, ne trouves-tu pas que c'est assez ? Nous avons péché, nous avons péché contre toi, nous avons mérité tout cela, nous avons mérité davantage, nous méritons la ruine et la mort, mais nous nous courbons devant toi, nous nous frappons la poitrine ; souviens-toi de tes compassions ! Vois ce peuple qui s'humilie! Nous apprenons, à travers les airs, que Paris devient sérieux, que nos coreligionnaires encombrent les temples dont ils avaient oublié le chemin ; que tous les dimanches ils se pressent autour de nos tables de communion ! Eh bien ! Seigneur, cela nous émeut d'une sainte joie et nous fait tressaillir d'espoir.

Mes Frères, que la France suive ce saint exemple, et la France ne périra pas. Mais qu'elle le sache, son plus redoutable ennemi, ce n'est pas le roi Guillaume, c'est le roi Satan; ce n'est pas seulement celui-là qu'il faut chasser de nos frontières, c'est celui-ci qu'il faut chasser de nos cœurs. Si les Prussiens sont refoulés hors de nos murs, mais que le péché règne encore dans nos cœurs, le mal sera toujours le même, le fer sera encore dans la plaie, et nous périrons comme Babylone a péri, comme Ninive a péri, comme Athènes a péri, comme Rome a péri !

C'est pourquoi, frères et concitoyens, prenons le sac et la cendre, humilions-nous et puis relevons-nous, retrempés dans ce baptême de sang et dans ce baptême de repentance. Renaissons peuple nouveau, animé d'une foi chrétienne rajeunie. Trouvons dans notre défaite le secret de la victoire. Sous l'égide de notre jeune République, qui a commencé par répudier l'esprit de conquête, soyons les conquérants de l'idée et de l'esprit. Soyons fidèles et Dieu accordera à la France la gloire, vraie celle-là, non plus de faire le tour de l'Europe en en prenant les capitales, mais de faire le tour du monde, en y semant les grands principes de la liberté, du progrès, de la fraternité, de la paix et de l'amour, c'est-à-dire de l'Evangile! AMEN.

Saint-Quentin. — Imprimerie Hourdequin.